빅토리아 텐틀러-크릴로프 글·그림

건축가이자 화가이자 작가입니다. 러시아 상트페테르부르크에서 자랐고 고등학생 때 가족과 함께 미국으로 이주했습니다.

지금은 미국 보스턴에 살면서 건축과 어린이 책, 두 가지 일에 열정을 쏟고 있습니다.

어린이들처럼 현실과 상상의 세계 사이를 넘나들며 영감을 얻습니다.

이 책은 처음으로 쓰고 그린 그림책입니다. cargocollective.com/victoriakrylov에서 더 많은 정보를 찾아보세요.

"목표가 꼭 있어야 해요. 그건 바뀔 수도 있어요.
하지만 여러분이 무엇을 하고 싶은지
분명히 아는 것이 중요해요."

_자하 하디드

자하 하디드

편견에 맞서 새로움을 창조한 건축가

빅토리아 텐틀러-크릴로프 글·그림   이순영 옮김

자하는 주변을 관찰하고 깊이 생각하는 사람이었어요. 가만히 있는 법이 없었지요. 어렸을 때부터 바그다드의 이슬람 사원과 궁전에 가는 걸 좋아했어요. 햇살이 창문으로 쏟아져 들어오는 모습에 마음을 빼앗기곤 했어요. 마치 물결이 아름답게 일렁이는 것처럼 보였거든요.

자하는 밤늦게까지 책 읽는 걸 좋아했어요.
어느 날, 수메르 습지에 수상 가옥을 지은
사람들의 이야기를 읽었어요. 자하는 물 위에
지은 집을 직접 보고 싶었어요!
아버지와 함께 수메르로 갔지요. 그곳에는
습지와 갈대와 물풀이 잔물결을 일으키며
떠다니고 있었어요.

정말 아름다웠어요. 완벽하게 조화를 이루고 있었지요.
모든 것이 끊임없이 움직였어요.
'바그다드 같은 도시에 사는 게 좋을까?
아니면 이렇게 자연과 함께 사는 게 더 좋을까?'
자하는 궁금해졌어요.

한번은 자하의 집에 이모 부부가 놀러 왔어요.
새로 지을 집의 모형을 가져와 자랑스럽게 보여 주었지요.
비록 모형을 만질 수 없었지만, 자하는 눈을 뗄 수 없었어요.
인형의 집처럼 생겼는데 장난감보다 훨씬 근사했거든요!
설계하고 모형을 만들고 건물을 짓는 과정이
자하의 머릿속에서 마구 춤을 추었어요.

자하는 목표를 정하고 바로 공부하기 시작했어요.
가족들은 자하가 큰 꿈을 품었다는 걸 눈치챘어요.
"넌 이라크의 첫 여성 우주 비행사가 될 수 있어!"
자하의 오빠 중 한 명이 제안했어요.
하지만 자하는 이미 하고 싶은 일이 있었지요.
"난 건축가가 될 거야." 자하는 가족들에게 말했어요.
다양한 공간을 탐구하는 것이 가장 재미있었으니까요!

자하는 건축 현장에 푹 빠졌어요. 그냥 지나칠 수 없었어요.
곧 지어질 건물의 모양과 구조를 상상하느라 바빴지요.
설계도를 그릴 공책이 없으면 머릿속으로 계산했어요.
자하는 수학을 좋아했어요. 수학 문제를 푸는 것과 건물을 설계하는 것이
크게 다르지 않다고 생각했어요. 둘 다 창의적이고 도전적인 일이었지요.
바로 자하가 가장 좋아하는 거예요!
자하는 베이루트에서 수학 공부를 마치고 런던으로 갔어요.

드디어 제대로 건축 공부를 할 때가 온 거예요. 영국은 비가 많이 왔어요. 하지만 자하는 신경 쓰지 않았어요. 맑은 날에도 햇볕을 쬘 시간이 없었으니까요. 자하는 주로 작업실에서 스케치를 하고, 책을 읽고, 생각을 하며 시간을 보냈어요.

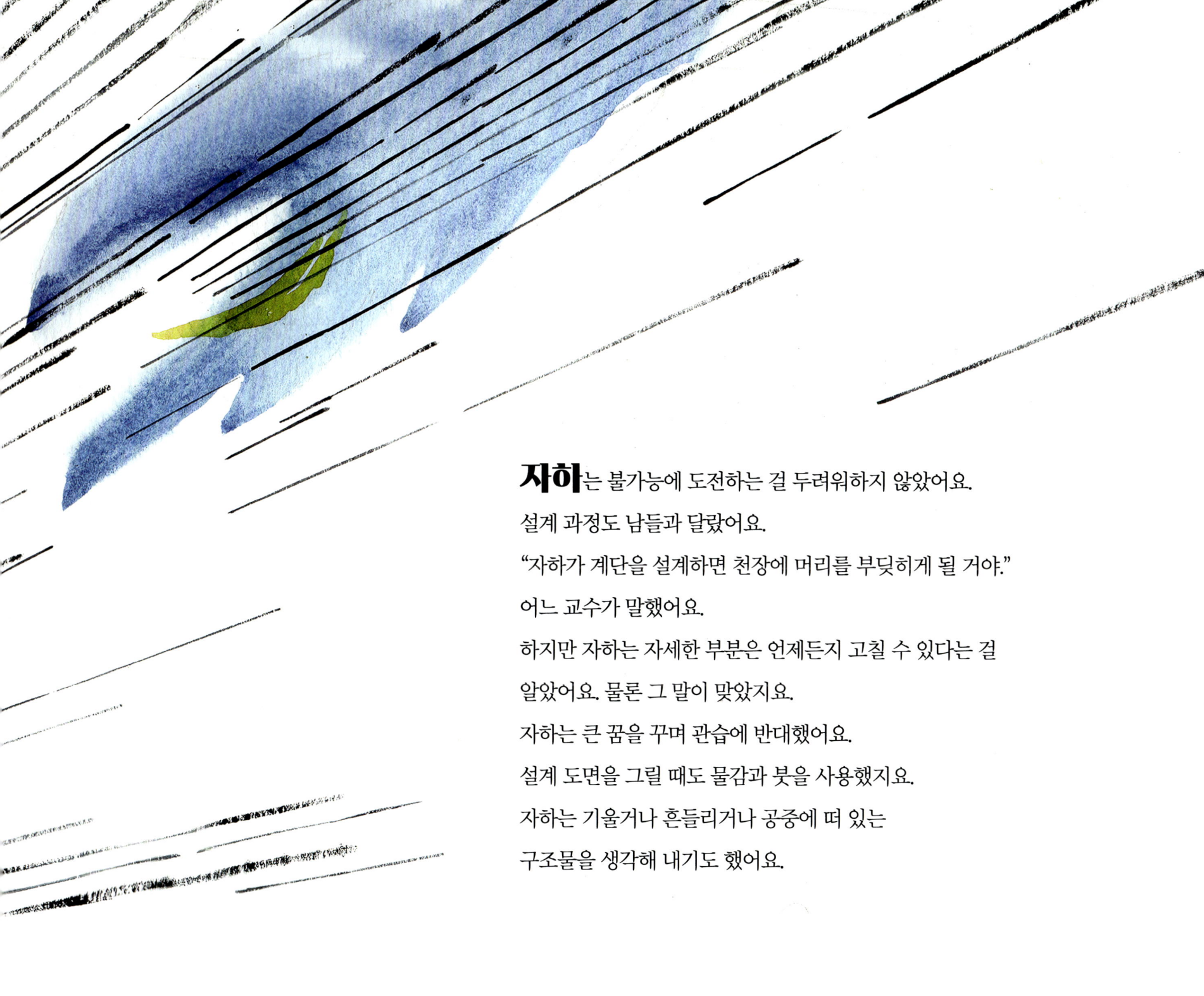

자하는 불가능에 도전하는 걸 두려워하지 않았어요.
설계 과정도 남들과 달랐어요.
"자하가 계단을 설계하면 천장에 머리를 부딪히게 될 거야."
어느 교수가 말했어요.
하지만 자하는 자세한 부분은 언제든지 고칠 수 있다는 걸
알았어요. 물론 그 말이 맞았지요.
자하는 큰 꿈을 꾸며 관습에 반대했어요.
설계 도면을 그릴 때도 물감과 붓을 사용했지요.
자하는 기울거나 흔들리거나 공중에 떠 있는
구조물을 생각해 내기도 했어요.

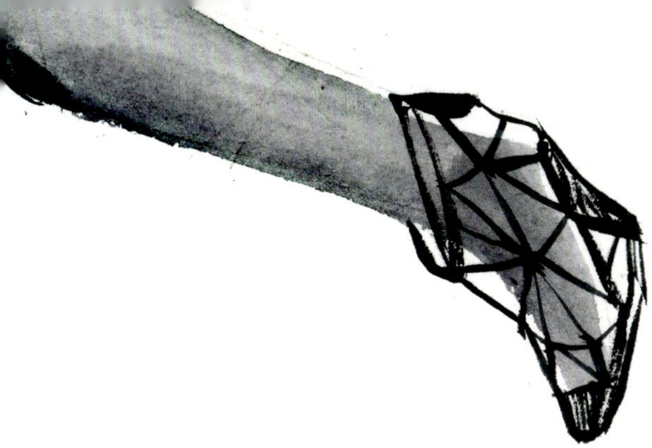

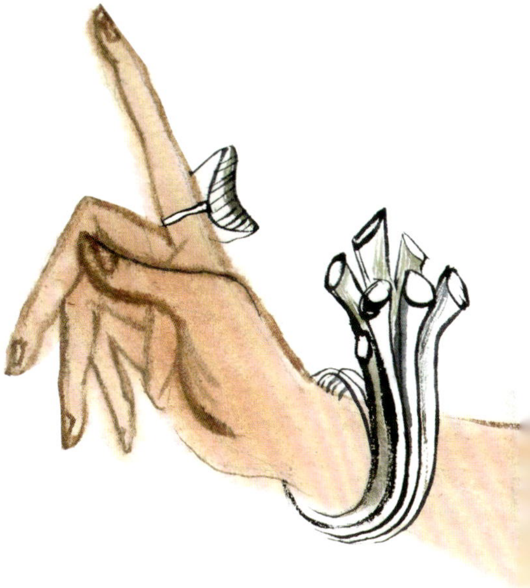

자하의 아이디어는 교수들에게 깊은 인상을 남겼어요. 학교를 졸업하자, 교수 두 명이 자신들의 회사로 자하를 채용했어요. 자하는 일하면서 새로운 아이디어를 제안했어요. 이미 정해진 규칙을 깨고 싶어 했지요. 털이 달린 멋진 구두도 신고 다녔어요.
"남자처럼 옷을 입고 다니면 사람들이 좀 더 귀를 기울일 거라고 생각하는 것 같아요. 하지만 전문가처럼 보이려고 칙칙한 옷을 입을 필요는 없다고 생각해요."
자하는 당당하게 말했어요.

3년 후에 자하는 건축 사무소를 열었어요.
어느 때보다 열심히 일했지요.
"나는 늘 건축에 대해 생각해요. 가끔은 꿈에서도 설계를 하지요."
자하는 영국에서 유명해지기 시작했어요.
사람들은 틀에 박히지 않은 자하의 아이디어와 그림에 대해 이야기했어요. 하지만 누구도 자하에게 설계를 맡기지는 않았어요.

그래서 자하는 공모전에 참가하기 시작했어요. 홍콩에서 호텔과 스포츠 클럽을 짓기 위한 공모전이 열렸어요. 자하는 섬 전체를 그리고 건물이 산 한가운데에 있도록 설계했어요. 그리고 '색종이 눈보라'라는 이름을 지었지요.
자하의 획기적인 아이디어는 유명한 건축가들을 제치고 1위를 차지했어요!
하지만 주최자들은 자하의 설계가 너무 복잡해서 실제로 지을 수 없다고 생각했어요. 그들은 모든 일을 그만두기로 결정했어요.
공모전에 뽑혔지만 자하의 목표는 이루어지지 않았어요.

지하는 포기하지 않고 계속 도전했어요. 그러던 어느 날, 독일에서 전화가 왔어요. 소방서를 설계해 줄 수 있냐고요. 물론이죠! 자하는 소방서를 날아가는 새처럼 만들기로 했어요. 사람들은 자하의 대담한 설계에 놀라며 칭찬을 아끼지 않았어요. 마침내 자하가 설계한 건물이 실제로 지어졌어요!

자하가 성공하자 사람들은 자하를 더 엄격한 기준으로 평가했어요. 계속 설계 작업을 했지만 사람들은 자하가 "종이 건축가"가 될 위험이 있다고 말했어요. "종이 건축가"는 실제로 건물을 짓지 않고 도면에 그림만 그리는 건축가를 말해요. 자하의 설계에 문제가 있었을까요? 아니면 자하가 남들과 다르게 새로운 도전을 해서였을까요?

자하는 종종 사람들의 평가를 인정하지 않았어요. 그래서 누구보다 더 강해져야 했고, 자신의 꿈에 자신감을 가져야 했지요.

새롭게 도전할 일이 또 생겼어요! 오스트리아에서 주택 단지를 설계해 달라는 연락이 왔어요.
주변 환경은 꽤 까다로웠어요. 여러 장애물이 서로 복잡하게 얽혀 있었거든요.
자하는 주택 단지를 스케치할 때, 어린 시절에 보았던 수메르 습지를 기억해 냈어요.
사람이 만든 구조물과 갈대, 물, 바람이 함께 어우러지는 모습이 생생하게 떠올랐어요.

과연 오스트리아

주택 단지도 수메르 습지처럼 만들 수 있을까요? 건물과 주변 환경이 서로 잘 어우러지도록 말이에요. 자하는 대담하게 설계를 했어요.

주변 환경에 맞춰 건물 한 채를 짓는 대신 세 채의 건물을 짓기로 한 거예요.

완성된 주택 단지는 그 자체로 아름다웠어요. 무엇보다 건물을 둘러싼 환경을 더 아름답게 만들어 주었지요.

자하의 다음 목표는 미국에서 건물을 설계하는 것이었어요. 완벽한 기회를 기다리고 있었지요. 마침내 자하에게 기회가 왔어요! 오하이오주에서 미술관 설계 공모전이 열렸거든요. 자하가 설계한 미술관은 콘크리트 상자가 여러 개 쌓여 있는 구조였어요. 상자는 공중에 떠 있는 것처럼 보였죠. 다른 작품들과 비교할 수 없이 멋진 작품이었어요!
자하는 공모전에서 우승했어요. 그리고 미국에서 미술관을 설계한 첫 번째 여성 건축가가 되었어요. 예술가들도 자하가 설계한 건물에 영감을 받아 미술관을 위해 특별히 작품을 만들기 시작했어요.

마침내 자하는 전성기를 맞이했어요.
사람들은 자하에게 설계를 맡기고 싶어 했고,
동료 건축가들은 그녀의 설계를 연구했지요.
학생들은 자하의 건축 사무소에서 일하는 꿈을
키웠어요.
자하는 화려한 옷과 쨍그랑거리는 장신구를
여행 가방에 넣고 프랑스, 싱가포르 또는
중국의 건축 현장을 바쁘게 다녔어요.
가끔은 연락을 받고 바로 비행기를 타야 하는
일도 생겼지요.

자하가 설계한 건물이 있는 곳이라면 어디든지 사람들이 걸음을 멈추고 건물의 모양과 구조를 바라보곤 했어요.

ZAHA HADID

이제 자하의 이름으로 지어진 건물이 수백 개에 이르렀어요. 비엔나와 뉴욕에서 열린 자하의 작품 전시회에는 수천 명의 사람들이 줄을 서서 관람했지요. 자하는 건축가에게 주는 최고의 상인 프리츠커 상을 받았어요. 지금까지 상을 받은 사람들 중에 가장 나이가 어렸어요.

자하는 어디에 건물을 짓든지 항상 두 가지를 지키고 싶었어요.
하나는 사람과 주변 환경의 조화이고, 다른 하나는 변화와 움직임이었어요.
어린 시절 보았던 수메르 습지를 기억하고 있었을까요? 아니면 바그다드의 이슬람 사원과 궁전에서 보았던 햇살을 기억하고 있었을까요?
자하는 자신이 설계한 건물에 대해 설명하지 않았어요.
그저 미소만 지었지요. 건물 자체가 말하고 있었으니까요.

작가의 말

나는 두 살 때부터 집을 그리기 시작했어요. 이상한 모양의 지붕, 둥근 벽, 가끔은 셀 수 없이 많은 창문이 있는 집을 그렸지요. 그 집에 사는 사람과 동물의 이야기를 쓰는 것도 좋아했어요. 그런 취미를 직업으로 가질 수 있다는 걸 알고 나서 내 목표는 명확해졌지요. 1992년, 우리 가족은 러시아에서 뉴욕으로 이민을 갔어요. 나는 바로 건축 대학에 입학했어요. 건축은 건물을 아름답게만 하는 것이 아니었어요. 좋은 설계란 문제를 알아내고 해결 방법을 찾아내는 것이었지요. 때때로 건축은 수학처럼 느껴졌어요. 나는 수학을 썩 잘하지는 못했지만, 건축과 수학이 닮은 점이 좋았어요.

나는 전 세계의 현대 건축가들, 특히 자하 하디드에 대해 깊이 공부했어요. 그때 자하는 이미 여러 공모전을 휩쓴 유명한 건축가였어요. 자하의 아이디어가 실제 건물로 지어지는 모습을 보면서 많은 영감을 받았어요. 그야말로 생생한 교육이었지요. 자하는 멀리서 나에게 모범 답안을 보여 주었어요.

- **어떻게 경쟁에서 남들과 달라질 수 있을까?**
  자하는 늘 독창적이고 대담한 해결책을 만들었어요. 실험 정신이 뛰어났고, 절대로 같은 걸 반복하지 않았지요.

- **어떻게 동료들을 돕고 격려할 수 있을까?**
  자하의 팀은 실제로 건물이 지어질 때까지 몇 년 동안 함께 노력했어요.

- **어떻게 여성을 차별하는 분야에서 계속 일할 수 있을까?**
  자하는 유쾌하고 부드러운 성격이었어요. 하지만 언론은 자하를 '무서운' 또는 '여자 주인공' 이라고 표현했어요. 실제로 자하는 성공하기 위해 다른 남성 건축가보다 더 강해져야 했어요.

- **어떻게 새로운 방식을 두려워하지 않고 받아들일 수 있을까?**
  자하는 컴퓨터가 등장한 시대를 이끌어 가는 사람이었어요. 컴퓨터를 사용하면 건축과 건설 기술이 발전할 거라고 누구보다 먼저 알고 있었지요.

자하는 2016년 세상을 떠났어요. 그때 자하가 진행 중인 프로젝트가 36개나 있었지요. 그중 하나가 뉴욕의 28번가 웨스트 520번지에 있는 '자하 하디드 빌딩'이에요. 나는 가끔 그 건물 앞 인도에 서서 건물을 바라봐요. 건물의 놀라운 기하학적인 무늬 속에서 잠시 길을 잃곤 하지요. 건물은 매우 단순하면서 복잡해요. 전체 규모를 느끼기 위해 건물을 지나는 공중 공원인 하이라인으로 올라가요. 건물에 더 높이, 더 가까이 다가가면서 눈으로는 서로 겹쳐 있는 창문의 곡선을 따라가요.

자하 하디드 빌딩은 단순한 건물이 아니에요. 의미 있는 건축을 넘어서는, 예술 작품이에요. 질문에 대한 답이며 문제에 대한 해결책이지요. 그곳에서 다른 건물을 상상하는 건 불가능해요.
자하가 실제로 지어진 건물을 보았다면 얼마나 좋았을까요? 어쩌면 자하는 다른 사람들보다 먼저 이미 완성된 모습을 보았을지도 몰라요.

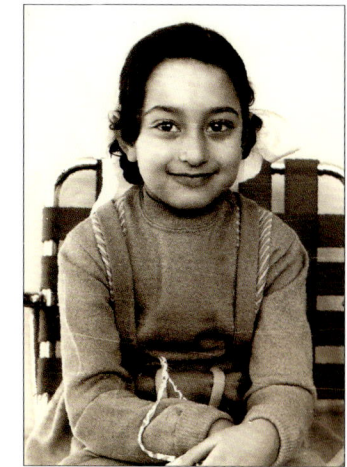

자하 하디드, 1956년

자하 하디드의 생애

1950년 10월 31일 — 이라크 바그다드에서 태어났다.
    1972년 — 베이루트 아메리칸 대학교에서 수학 공부를 마친 뒤,
        런던으로 가서 건축학교에 입학했다.
    1977년 — 수석으로 대학을 졸업하고 렘 콜하스 교수와 엘리아 젱겔리스 교수가 운영하는
        로테르담의 메트로폴리탄 건축 사무소에서 일하기 시작했다.
    1980년 — 독립하여 런던에서 자하 하디드 건축 사무소를 열었다.
    1982년 — 홍콩의 피크(The Peak) 호텔과 스포츠 클럽 설계 공모전에 당선되었다.
        실제로 건물이 지어지지 않았지만 놀라운 신인 건축가로 주목받았다.
1990년-1993년 — 독일의 바일 암 라인의 비트라 소방서를 설계했다.
        자하의 설계가 처음으로 건물로 지어졌다.
1994년-2006년 — 오스트리아 비엔나의 슈피텔라우 고가도로 주택 단지를 설계했다.
1997년-2003년 — 미국 오하이오주 신시내티의 로젠탈 현대미술관 공모전에 당선되었다.
        미국에서 미술관을 설계한 첫 번째 여성 건축가가 되었다.
    2004년 — 프리츠커 상을 수상했다. 프리츠커 상을 받은 첫 여성이자, 첫 이라크인이었고
        첫 이슬람교도였으며 최연소 수상자였다.
    2006년 — 자하 하디드가 30년 동안 해 온 작업을 주제로 미국 뉴욕의 구겐하임
        미술관에서 회고전이 열렸다.
    2012년 — 대영 제국 훈장 2등급(DBE)을 받았다.
2016년 3월 31일 — 미국 플로리다주에서 세상을 떠났다.

(위) 런던 사무실에서의 자하 하디드, 2011년

(아래) 자하가 설계한 홍콩 스튜어트 와이츠먼 플래그십 스토어 개막식에서, 2014년

내게 호기심과 창의력을 불어넣어 준 부모님께.
그리고 밝은 빛이 되어 준 자하 하디드에게.

_빅토리아 텐틀러-크릴로프

북극곰 궁금해 시리즈 7
『자하 하디드』 편견에 맞서 새로움을 창조한 건축가
2021년 1월 19일 초판 1쇄 ‖ 2022년 4월 21일 초판 2쇄

글·그림 빅토리아 텐틀러-크릴로프 ‖ 옮김 이순영
편집 노한나, 이지혜 ‖ 디자인 전다은, 기하늘 ‖ 마케팅 이향령, 신유정
펴낸이 이순영 ‖ 펴낸곳 북극곰 ‖ 출판등록 2009년 6월 25일 (제 300-2009-73호)
주소 서울시 마포구 독막로 320 B106호 ‖ 전화 02-359-5220 ‖ 팩스 02-359-5221
이메일 bookgoodcome@gmail.com ‖ 홈페이지 www.bookgoodcome.com
ISBN 979-11-6588-016-3 77400 ‖ 979-11-89164-60-7 (세트) ‖ 값 14,000원

BUILDING ZAHA
Copyright © 2020 by Victoria Tentler-Krylov
All rights reserved.
This Korean edition was published by BookGoodCome in 2021 by arrangement with
Orchard Books, an imprint of Scholastic Inc. through KCC(Korea Copyright Center Inc.), Seoul.

이 책은 (주)한국저작권센터(KCC)를 통한 저작권자와의 독점 계약으로 북극곰에서 출간되었습니다.
저작권법에 의해 한국 내에서 보호를 받는 저작물이므로 무단 전재와 복제를 금합니다.
「이 도서의 국립중앙도서관 출판예정도서목록(CIP)은 서지정보유통지원시스템 홈페이지(http://seoji.nl.go.kr)와
국가자료공동목록시스템(http://www.nl.go.kr/kolisnet)에서 이용하실 수 있습니다. (CIP제어번호: CIP2020043227)」

제품명: 도서 ‖ 제조자명: 북극곰 ‖ 제조국명: 중국 ‖ 사용연령: 3세 이상
주의! 책 모서리가 날카로우니, 던지거나 떨어뜨려 다치지 않도록 주의하세요.